कुछ अनकहे शब्द

रूह के अंदर लिखे अधूरे अल्फ़ाज़

Velica Pavar

BookLeaf Publishing
India | USA | UK

Made with ❤ on the BookLeaf Publishing Platform
www.bookleafpub.in
www.bookleafpub.com

Dedication

उन अनकहे एहसासों के नाम, जो ख़ामोशी में भी मेरे दिल की धड़कन बने रहे। उन रातों के नाम, जिन्होंने आँसुओं को गिरने से रोककर मुझे संभाला, और उन सुबहों के नाम, जिन्होंने मुझे फिर से साँस लेना सिखाया। और सबसे ज़्यादा... यह किताब मेरे *Sunflower* 🌻 *- B* के नाम, जिसने मुझे लिखने की हिम्मत दी, खुश रहना सिखाया, खुद से प्यार करना सिखाया, और सपनों का पीछा पूरे जुनून से करना भी। तुम हमेशा याद आओगे...मेरी ज़िंदगी में अपनी रोशनी छोड़ जाने के लिए धन्यवाद।

और यह किताब मेरे दादाजी को भी समर्पित है। मैं उन्हें हर सफलता के पल में याद करती हूँ, और तब भी जब ज़िंदगी भारी लगती है। उनकी याद मुझे हमेशा संभालती है जैसे वह दूर होते हुए भी मुझे हिम्मत देते रहते हों।

Preface

कविता मेरे लिए हमेशा से एक सुरक्षित जगह रही है, एक ऐसी जगह जहाँ मैं बिना किसी डर के अपने दिल की बात लिख सकती हूँ। इस किताब का हर शब्द, हर पंक्ति, उन पलों से आई है जहाँ भावनाएँ शायद ज़ुबान तक नहीं आ पाईं... लेकिन कागज़ ने उन्हें अपनी गोद दे दी।

"कछ अनकहे शब्द" उन्हीं एहसासों का सफ़र है। ये वे लफ़्ज़ हैं जिन्हें मैं कभी कह नहीं पाई, या फिर जिन्हें समझने वाला कोई था ही नहीं। कभी दर्द, कभी खुशी, कभी तन्हाई, कभी उम्मीद, ये सब मिलकर इस किताब का दिल बन गए हैं।

मैं चाहती हूँ कि जब आप इन कविताओं को पढ़ें, तो आपको अपनी कहानियों की एक छोटी-सी झलक मिले। शायद कोई पंक्ति आपको आपकी यादों तक ले जाए, या कोई शब्द आपको थोड़ा-सा हल्का कर दे। अगर मेरे लिखे हुए लफ़्ज़ आपके दिल को थोड़ी-सी तसल्ली दे पाएँ, तो मेरे लिए वही सबसे बड़ी जीत होगी।

यह प्रीफ़ेस उन सभी पाठकों के लिए है जो महसूस तो करते हैं, लेकिन हमेशा कह नहीं पाते। **आप अकेले नहीं हैं। यह किताब आपके साथ है।**

Acknowledgements

इस सफर के दौरान मैंने सीखा है कि कभी-कभी सबसे लंबी यात्रा अपने ही भीतर तक होती है। यह किताब उन पलों से बनी है जब मैं अकेली थी, पर फिर भी हिम्मत के साथ खड़ी रही। उन रातों से, जहाँ आँसू ही साथी थे... और उन सुबहों से, जहाँ ज़रा-सी उम्मीद ने मुझे फिर से उठने की वजह दी।

मैं यह किताब खुद को समर्पित करती हूँ, अपनी उस ताकत को, जो कभी-कभी डगमगा गई, पर टूटने नहीं दी। उन पलों को, जब सब छोड़ देने का मन होता था, पर फिर भी मैंने आगे बढ़ना चुना। और अपने भीतर की उस आवाज़ को, जो हर मुश्किल में कहती थी, *“बस एक बार और कोशिश कर ले।”*

धन्यवाद उस विश्वास का जो मैंने हमेशा ईश्वर और कर्म में रखा। जब कुछ समझ नहीं आता था, तब भी यह यक़ीन था कि ब्रह्मांड सुन रहा है, समझ रहा है, और सही समय पर सब ठीक कर देगा।

मैं उन लोगों की भी दिल से आभारी हूँ जो मेरे साथ खड़े रहे, जब दुनिया अजनबी-सी लग रही थी, जब दिल भारी था, जब ख़ामोशी बहुत कुछ कह रही थी। आपका साथ छोटा था, पर बेहद गहरा था। और अंत में, धन्यवाद उन सभी भावनाओं का, तन्हाई, डर, प्यार, उम्मीद, जिन्हें मैंने इस किताब में अपनी आवाज़ दी। ये शब्द उन्हीं पलों की उपज हैं।

अगर मेरी लिखाई आपको कभी ज़रा-सा हल्का महसूस करा दे, या यह एहसास दिलाए कि आप अकेले नहीं हैं, तो यही मेरे लिए सबसे बड़ी उपलब्धि होगी।

बिना इजाज़त के ख़्वाब

मुझे खुले आसमान में
अकेला, रफ़्तार से उड़ना था,
पर पंख पर बोझ था
और हवा भी ख़फ़ा-सी लगी।

सूरज की रोशनी चुभती रही,
चाँदनी का हक़ भी मेरा न था।
सपने देखने से पहले
इजाज़त माँगनी पड़ती थी,
जैसे ख़्वाब भी किसी और के हों।

अपने फ़ैसले करना
गुनाह-सा लगने लगा,
अपनी सोच कह दूँ तो
बदतमीज़ी का लेबल मिलता रहा।

तो बताओ,
ऐसी ज़िंदगी का क्या करूँ
जहाँ जीने का एक पल भी
अपनी मर्ज़ी से न जी सकूँ?

दिल के अंदर एक आवाज़ कहती है,
ज़िंदगी तभी ख़ूबसूरत होगी
जब उड़ना ख़ुद चुन सकूँ,

चाँद देख सकूँ,
और ख़्वाब...
बिना पूछे देख सकूँ।

चुप रहे राज़ की आवाज़

मैं वो परछाई हूँ
जिसे अपनों ने देखा तो सही,
मगर समझने का वक़्त
कभी निकल न पाए।

मेरी मुस्कुराहट के पीछे
जो आँसुओं का दरिया था,
शायद उन्हें लगा
उसकी वजह भी मैं ही हूँ।

वो चाहते थे...
मैं उनके अल्फ़ाज़ बनकर जियूँ,
पर मेरी ख्वाहिशों का
कोई सुनने वाला न था।

कई रातों ने
मेरे तकिए से राज़ मांगे,
और मैं हर बार
खामोशी को ही जवाब देती रही।

जब अपने दिल की बात कही
तो मेरी सोच को ही कटघरे में खड़ा कर दिया,
जैसे महसूस करना भी
एक जुर्म हो,

और खुशी...
किसी और के हुक्म से मिलती हो।

बस इतना सा सहारा

क्या इतना सा चाहना
ग़लत हो सकता है,
कि कोई मुझे प्यार से देखे
और मेरा हाल पूछे?

जब थक जाऊँ दुनिया से,
बस एक बाहों का सहारा मिले,
सर पर हल्का सा हाथ
और नाम मेरा
प्यार से लिया जाए।

कमज़ोरी के लम्हों में
कोई कंधा बनकर
मुझे टूटने न दे,
और कह दे, “मैं हूँ न।”

पर यह तन्हाई
कभी कभी इतनी गहरी हो जाती है
कि ख़ुद से दूर भागना चाहूँ
तो रास्ता भी
धुंधला पड़ जाता है।

छुपी सी तन्हाई

हर वक्त एक उलझन सी थी,
पर शायद किसी ने महसूस नहीं की।
जो सबको हमेशा ठीक लगती थी,
वो अंदर से कितना टूट रही थी,
ये किसी ने सोचा नहीं।

मुस्कान थी, पर वजह नहीं,
चिन्ता थी, पर शिकायत नहीं।
कुछ लोगों ने समझा...
शायद उसे कुछ भी फ़र्क नहीं पड़ता।

किसी ने पूछा नहीं उसका नज़रिया क्या था,
ना समझा उसके चुप रहने का मतलब क्या था।
कहीं बातें कह दी गईं बस यूँ ही,
और दिल धीरे-धीरे खुद से दूर होता गया।

ख़ामोशी में खिलती मैं

कई बार सोचती हूँ,
आख़िर क्या करूँ कि सब ठीक हो जाए...
क्या करूँ कि ज़िंदगी मुझे
थोड़ा-सा आगे बढ़ने की इजाज़त दे दे।

थक गई हूँ मैं...
खुद को संभालते-संभालते,
अपने जज़्बातों को चुप रखते-रखते।
किससे कहूँ कि मैं थक चुकी हूँ
इस जीवन की उलझनों से?
और बस चाहती हूँ
खुद के साथ थोड़ा-सा समय...
थोड़ी-सी ख़ामोशी...
थोड़ा-सा सुकून।

पर जब हार मान लेने का मन होता है,
तभी दिल के भीतर से एक आवाज़ आती है-
"अगर अब रुक गई, तो कभी अपने लिए खड़ी नहीं हो पाओगी।"

यही वजह है कि मैं हर परिस्थिति को
हर नज़र से देखना सीख रही हूँ—
सोचती हूँ, *"इससे बुरा और क्या हो सकता है?"*
और इसी सोच से खुद को थोड़ी और मज़बूती दे देती हूँ।

दिमाग़ हमेशा कुछ न कुछ सुलझाने में लगा रहता है,
भविष्य का अंदाज़ा लगाता रहता है...
और दिल डरते हुए भी आगे बढ़ने की कोशिश करता रहता है।

अब अपनों से दिल की बातें कहना
बोझ-सा लगने लगा है जैसे मैं उनकी ज़िंदगी में
एक अतिरिक्त वज़न बन रही हूँ।

इसलिए मैं अकेले रहकर
खुद को संभालना सीख रही हूँ...
लोगों पर निर्भर न रहना
सीख रही हूँ...
अपने पैरों पर खड़े रहना
सीख रही हूँ...
और सबसे ज़्यादा
खुद से प्यार करना सीख रही हूँ मैं।

रिमझिम में भीगी यादें

बारिश... एक ऐसा लम्हा लेकर आई,
जहाँ हर बूंद ने बीती यादों की कहानी दोहराई।

हल्का-सा सुकून, थोड़ा-सा दर्द,
दिल ने चुपके से महसूस किया हर एक शब्द।

खिड़की पर ठहरती नमी भरी रातें,
साथ ले आई तुम्हारे खयालों की सौ बातें।

हवा भी आज जैसे कुछ कहना चाहती थी,
मानो तेरी कमी को अपने संग बहाना चाहती थी।

कभी हँसी, कभी तन्हाई का एहसास,
बारिश में छुपा हर दिल का कोई अनकहा राज़।

प्यार, यादें, और ख़्वाबों का जहाँ,
सब भीग गया... इस शांत रिमझिम के समान।

धुंधला सा एहसास

पता नहीं क्या हो रहा है,
मन चुप सा लगता है।
ना हँसी है, ना आँसू,
सब कुछ थोड़ा थोड़ा सा धुंधला है।

कभी सोचती हूँ अकेली रातों में,
कहीं मैं ग़लत तो नहीं जा रही?
कल का डर है, आज का बोझ है,
दिल में एक हल्का सा सोच है।

लोग हैं, पर दिल से दूर हैं,
भीड़ में भी तन्हाइयाँ ज़रूर हैं।
काश कोई होता, बस यूँ ही साथ,
बिना कहे, सुन लेता हर बात।

बारिश की बूंदें गिरती हैं हल्के से,
जैसे मेरा दर्द भी बह जाए उनके संग धीरे से।
एक पल का सुकून मिले, यही चाहत है,
थोड़ा प्यार, थोड़ा समझ, बस यही ज़रूरत है।

खामोश रातों के पन्ने

आज फिर लिखने बैठी हूँ,
दिल के बोझ को शब्द का सहारा देते हुए।

समझ ही नहीं आता,
जो सुकून देता है,
वह कभी मिलता क्यों नहीं।
जब लगता है सब ठीक होने लगा है,
तभी ज़िन्दगी नया रुख ले लेती है।

खुशी...
अब उससे देखकर भी डर लगता है,
जैसे वह पल भर का मेहमान हो।

शायद यह तन्हाई ही सही है,
शांत रातों के साथ,
हवा में घुले दर्द के गीत,
और कुछ लफ़्ज़ जो खुद-ब-खुद
कविता बन जाते हैं।

कभी सोचती हूँ...
अगर फिर से एक मोड़ सामने आया,
क्या मैं उसे पार कर पाऊँगी?
या यह सफ़र बस इसी तरह
अनकहे पन्ने बनाता रहेगा।

अंधेरे का भी एक सच है

लाइट बंद हुई, और अंधेरा छा गया,
जैसे कुछ टूट के दिल में समा गया।
सब कुछ चुप, सिर्फ़ ख़ामोशी थी,
और एक अजीब सी तन्हा सोच छुपी थी।

थोड़ी देर में जब रोशनी ने झांका,
दिल ने हल्का सा सुकून महसूस किया।
वो रोशनी जैसे तेरे नाम का नूर हो,
या तेरी यादों का छोटा सा ज़रूर हो।

अंधेरा डर लगता है, पर सच भी है,
रोशनी उम्मीद है, जैसे तू कहीं पास ही है।
उस पल में, जब रात ज़्यादा गहरी लगती है,
तेरी याद सबसे ज़्यादा सच्ची लगती है।

खुद से मिलने की राह

कभी ऐसा लगा है कि हर बात कह देना
ज़रूरी नहीं होता।
कुछ बातें बस दिल के भीतर
चुपचाप रहकर और गहरी हो जाती हैं।

कभी लगता है कि भीड़ से दूर,
अकेले रहकर भी सुकून मिलता है,
खुशी नहीं, पर एक हल्की-सी शांति।

गाड़ियों की आवाज़,
हवा का हल्का-सा झोंका,
और कुदरत की खामोशी,
मानो सब कुछ कह रही हो,
बिना किसी शब्द के।

कभी लगता है कि दर्द बाँटने से नहीं,
थोड़ा-सा चुप रह जाने से
दिल हल्का हो जाता है,
जैसे दिल खुद ही समझा ले,
“सब ठीक हो जाएगा।”

और हाँ, पहले लगता था
अकेले रहना डरावना है...
पर अब लगता है

यही तो मेरा अपना छोटा-सा जहाँ है।

अब न किसी से उम्मीद रखती हूँ,
न किसी से शिकायत।
बस खुद से ही धीरे-धीरे
मिल रही हूँ और सुकून से।

दिल हारेया

मैंने जब भी तुम्हें मुस्कुराते देखा है,
हर बार दिल हारा है, यही है मेरे जज़्बात।
तेरी मुस्कुराहट में खुशियों की बातें हैं,
जैसे खिले फूलों की महक साथ है।

तेरे साथ की यादें, जैसे सपने प्यारे,
हर लम्हा खास, जैसे चाँद की सारी बातें।
तेरी आँखों में प्यार की छुपी हुई बात है,
मैंने जब भी तुम्हें देखा, हर बार दिल हारा है।

वह ख़याल जो मिटता नहीं

तुम वह ख़याल तो नहीं
जो पूरे दिन मेरे दिमाग़ में बस जाओ,
पर तुम वह ख़याल ज़रूर हो
जो मेरी मुस्कुराहट की वजह बन जाओ।

तुम वह ख़याल तो नहीं
जो रातभर मुझे सताते रहो,
पर तुम वह ख़याल ज़रूर हो
जिसे दिल से बाहर आने की चाहत ही न हो।

तुम वह ख़याल तो नहीं
जिससे मुझे नफ़रत हो,
पर तुम वह ख़याल ज़रूर हो
जिसके साथ पूरा दिन गुज़ार सकती हूँ।

तुम वह ख़याल तो नहीं
जिसके साथ पूरी ज़िंदगी बिता पाऊँ,
पर अब तुम वह ख़याल ज़रूर हो
जिसे मैं हमेशा के लिए भूल देना चाहती हूँ।

हाँ, तुम वह ख़याल तो नहीं
जिसे मैं आसानी से भुला सकूँ,
क्योंकि तुम वह ख़याल हो
जिसे मेरा दिल कभी भूलना ही नहीं चाहता।

दो अधूरी रूहें

क़िस्मत का खेल भी अजीब सा है...
दो दिल एक-दूसरे को चाहते थे,
पर दूरियाँ बीच में दीवार बन गई।

कभी मिले नहीं,
पर जाने कैसी डोर थी जो उन्हें बाँध गई।
साथ नहीं थे,
फिर भी एक-दूसरे के साथ ही लगते थे।
यादें रोज़ दरवाज़ा खटखटाती,
गाने उनकी कहानी सुनाते।
जैसे एक-दूसरे में ही
उन दोनों का घर बसा हो।

पर नसीब ने शायद
मिलना लिखा ही नहीं...
हर वजह थी साथ रहने की,
बस किस्मत की एक कमी ने
उन्हें दूर रखा।

खुदा जाने,
कैसी कहानी लिख रखी है
इन दो अधूरी रूहों के लिए।

वो सुबह जो तुमसे जुड़ी थी

अब तुम्हारे बिना,
सुबह अपनी सुबह जैसी लगती ही नहीं,
मानो दिन का पहला उजाला
अब भी तुम्हारी आवाज़ का इंतज़ार करता हो।

दिन लम्बा सा खिंच जाता है,
जैसे सूरज ने ढलने से इनकार कर दिया हो...
और समय मेरी उँगलियों से
फिसलता ही न हो।

सच है,
हम दोनों का साथ
दूरी ने धीरे-धीरे तोड़ दिया...
फैसला सही था, पर दिल को कौन समझाए?

अब किससे कहूँ
आज का दिन कैसा बीता?
किससे बाँटूँ
दिल का हल्का-सा बोझ?

तुम्हारे बिना
दिन ख़ाली सा लगता है,
और तुम्हारी हँसी,
आज भी कानों में हल्की-सी गूँज छोड़ जाती है।

वो गीत आज भी
तुम्हारी यादों का दरवाज़ा खोल देता है...
और हर बात के बाद
जो 'अच्छा, okay' होंठों पर आ जाता है,
वो भी एक आदत थी,
सिर्फ तुमसे जुड़ी हुई।

आज कुछ शब्द,
कुछ गीत,
बिना कहे ही तुम्हारा ज़िक्र कर देते हैं...
मानो दुनिया का हर रास्ता
फिर से तुम्हारी ओर मुड़ने लगता हो।

जो दिल समझ न सका

क्या इतना आसान था तुम्हारे लिए
मुझे यूँ बीच राह में छोड़ देना?
यदि परिणाम पहले से मालूम था,
तो फिर क्यों लाए थे
अपने कदम मेरे पास,
क्यों सुनाई थीं वे बातें
जो आज भी मेरे भीतर गूंजती हैं?

तुम्हारे लिए शायद
बातों को समाप्त कर देना
सिर्फ एक निर्णय था,
सीधा, साफ, बेझिझक।
पर मेरे लिए?
वो बातें जो कल तक सहारा थीं,
आज बोझ बन गई हैं।

कितनी आसानी से तुमने कह दिया
कि हम कभी संपर्क में नहीं रहेंगे।
मानो रिश्तों का नाता
सिर्फ शब्दों से टूट जाता हो...
मानो यादों का भार
एक पल में हल्का हो जाए।

मैं क्या करूँ इस दिल का,

जो ज़रूरत से ज़्यादा महसूस करता है?
इस दिमाग का,
जो हर बात को सोच-सोच कर
रातों की नींद छीन लेता है?
इन आँखों का क्या करूँ,
जो तुम्हारी छोटी-छोटी आदतों को
आज भी पकड़ लेती हैं...
जैसे अब भी उम्मीद हो
कि तुम मुड़कर देख लोगे।

तुम्हारे लिए
शायद दूर चले जाना आसान होगा,
पर मेरा क्या?
मैं अपने भीतर संभाल रही हूँ
वे सारी बातें, वे सारी खामोशियाँ
जो तुम कभी समझ ही नहीं पाए।

हाँ, जानती हूँ,
जो हो रहा है,
शायद हम दोनों के लिए ही सही है।
पर यह दिल?
कौन समझाए इसे
कि 'सही' और 'आसान'
कभी एक जैसी बातें नहीं होतीं।

वह रास्ता जो बीच में रह गया

कितनी आसानी से तुमने कह दिया
कि अब हम दोनों अपनी–अपनी दुनिया के रास्ते पकड़ लें,
मानो दो मोड़ हों,
एक तुम्हारी ओर, एक मेरी,
और बीच का रास्ता
एक पल में खाली हो गया हो।

कल तक तुम्हारी बातों में
मिलने का वादा था,
और आज...
जैसे किसी ने हवा पलट दी हो,
तुम कह गए
कि हमारा कोई नाता ही नहीं।
कितना आसान है तुम्हारे लिए
यूँ मुड़कर चले जाना,
मानो यादें भी
एक ही सांस में हल्का बोझ बन जाती हों।

तुम अपनी दुनिया की ओर जा सकते हो,
बिना पीछे देखे,
बिना रुके...
पर मैं?
मैं वहीं ठहरती हूँ
जहाँ कभी तुम्हारी आहट होती थी,

उसी खामोशी में
तुम्हें याद करती हूँ,
और शायद...
इंतज़ार भी।

तुम आओ या न आओ,
मैं वहीं रहूँगी,
अपनी ही जगह,
अपनी ही दुआओं के साथ।

यहीं मैंने हर बार
खुदा से दूरियाँ मिट जाने की अरज़ू की थी,
तुम्हें एक नज़र देखने की,
एक बार बाहों में भरने की
छोटी-सी ख्वाहिश रखी थी।

हाँ, जानती हूँ
तुम्हारी सोच ग़लत नहीं थी।
लेकिन इस क़दर हार मान लेना
क्या सही था?
क्योंकि एक दफ़े बात करके,
दिल देकर...
इस क़दर चले जाना
मझे नहीं आता।
आज भी नहीं।

उस लफ़्ज़ का बोझ

तुम गए तो यूँ चले गए
जैसे रास्तों पर कभी ठहराव ही न था...
अब लौटने का सवाल भी
हवा में कहीं खो-सा गया है।

कितना आसान था तुम्हारे लिए
मोहब्बत का एक शब्द कह देना,
और कितना कठिन था
उस शब्द को निभाना...
शायद इस बात का भार
सिर्फ मैं ही उठाती रही।

और दिल?
वह तो पहले ही नाज़ुक था...
तुम जाने का निर्णय लेकर चले गए,
पर मैं इस निर्णय का दर्द
आज तक सँभाले बैठी हूँ।

तुम्हारी कठोर ख़ामोशी
आज भी रातों को चीरती है,
आँसू रुकते ही नहीं...
जैसे दिल को आज समझ आया हो
कि खोना क्या होता है।

अब इस सत्य को अपनाना
और भी कठिन हो गया है...
जैसे स्वयं को ही समझाना पड़े
कि जो चला गया
वह वापस नहीं आता,
और जो रह गया
वह दर्द ही सही...
पर मेरा अपना है।

सही वक़्त का इंतज़ार

इंतज़ार रहेगा उस दिन का,
जब तुम मेरे पास होगे,
जब दूरियाँ मिट जाएँगी,
और सब कुछ वैसा ही होगा
जैसा हमने हमेशा अपने सपनों में चाहा था।

शायद समय अपना इम्तिहान ले,
शायद तुम्हारे सफ़र में
कोई और हमसफ़र मिल जाए...
पर मैं यहीं रहकर
तुम्हारा इंतज़ार करूँगी।

क्योंकि जो महसूस हुआ था,
वह पहली बार हुआ था,
वह सुकून, वह राहत,
वह प्यार जिसमें गहरा भरोसा था।

तुम कभी अजनबी लगे ही नहीं,
जैसे पहले से ही कोई रिश्ता था,
बस समय गलत था।

बस इंतज़ार रहेगा
उस सही वक़्त का,
जब हम फिर मिलेंगे,

और तब “मैं” नहीं,
“हम” होंगे।

ख़ुशी फिर से
हमारे दरवाज़े पर दस्तक देगी।
वक़्त लगेगा,
पर होगा ज़रूर।
हम मिलेंगे...
फिर ज़रूर मिलेंगे।

एक अधूरा सफ़र

मुझसे मोहब्बत है कहकर ही,
तुमने कितनी सरलता से यह कह दिया
"जब उचित समय आएगा,
तुम्हें अपने जीवन की समस्त खुशियाँ प्राप्त होंगी।"

पर मैं पूछती हूँ...
क्या हमारा मिलना उचित समय नहीं था?
या फिर समय ने ही हमें छल दिया?

तुमने सहजता से कहा,
"अपने जीवन-पथ पर तुम्हें कोई और मिलेगा,
जो तुम्हें प्रसन्न रखेगा।"
पर मैं तुम्हें कैसे समझाऊँ
जब मेरी प्रत्येक प्रसन्नता का कारण *तुम* थे,
तो कोई और मुझे कैसे आनंद दे पाएगा?

तुमने कहा,
"किसी के लिए अपना जीवन मत बिगाड़ो।"
पर मैं कहती हूँ
वह जीवन ही क्या
जिसमें *तुम* न हो?
वह प्रसन्नता ही क्या
जिसे मैं तुम्हारे साथ बाँट न सकूँ?

तुम तो क्षमा माँगकर
सहजता से विदा हो गए,
और मैं...
यहाँ आँसुओं का सागर समेटे
तुम्हारे इस प्रकार चले जाने का
यह भारी बोझ दिल में लिए बैठी हूँ।

नज़दीकियों का सपना

क्या होता...
अगर तुम मुझे मिलने यहाँ आ जाते?
मैं तुम्हें यूँ गले लगाती
जैसे पूरी दुनिया को अपने सीने से बाँध लिया हो।

तुम आते तो
तुम्हारी आँखों में आँखें डालकर
बस एक बार
तुम्हारा नाम पुकारना था।

तुम्हारा हाथ पकड़कर
पूरा जहाँ घुमाना था,
तुमसे इतनी सारी बातें करनी थीं,
जो कभी कह न पाई।

तुम्हें महसूस करना था,
तुम्हारा वो खिला-खिला सा चेहरा देखना था...
जिसे देखने के लिए
मेरी आँखें अब थक सी गई हैं,
जैसे रौशनी ही खो बैठी हूँ।

दिल अब भी चाहता है
एक बार तुम्हारा एहसास करना,
एक बार तुम्हारी नज़दीकियों को जीना।

मिलने को बेक़रार तुम भी थे...
और अब मैं यहाँ
इस उम्मीद में बैठी हूँ
कि तुम फिर से
मेरी ज़िंदगी में लौट आओगे।

क्या तुम्हें याद आती हूँ?

एक आख़िरी बार, बस एक सवाल दिल में उठता है,
क्या जो भी तुमने कहा था... सब झूठ था?
क्या इतना आसान था तुम्हारे लिए
मुझे बीच रास्ते छोड़ कर
अपने जीवन में आगे बढ़ जाना?

इतना सब टूटने के बाद,
एक माफ़ी मांग कर चले जाना
क्या वैसे ही आसान था
जैसे मैं खुद को समझाती रही?

मेरी छोटी-सी उम्मीद
तुम्हें कब इतनी भारी लगने लगी
कि तुम उसी से मुझे तोड़ गए...
और मैं आज तक अपने दिल को
महसूस करना सिखाने में लगी हूँ।

कभी-कभी सोचती हूँ
क्या तुम कभी मुड़ कर आओगे?
क्या मेरे बिखर गए भरोसे को
फिर से जोड़ पाओगे?

रातों को एक बात चुभती है,
क्या तुम्हें मेरी याद कभी सताती होगी?

क्या घर आकर तुम्हें
मेरी आवाज़ सुनने का मन करता होगा?

क्या शाम को
तुम्हारे दिन की बातें मुझे सुनाने की
तुम्हें भी कभी इच्छा होती होगी?

कहो ना...
क्या तुम्हें कभी
मैं याद आती हूँ?

www.ingramcontent.com/pod-product-compliance
Lightning Source LLC
Chambersburg PA
CBHW070651240926
51846CB00003BA/874
9789373144382